ABREGE' DU CAYER DES DELIBERATIONS DE L'ASSEMBLÉE GENERALE DES COMMUNAUTÉS DU PAYS DE PROVENCE,

Convoquée à Lambesc au vingt-uniéme Octobre 1742. pour commencer le lendemain vingt deuxiéme, par autorité & permission de Monseigneur le Marquis DE MIREPOIX, Marêchal héreditaire de la Foi, Chevalier des Ordres du Roi, Marêchal des Camps & Armées de Sa Majesté, ci-devant son Ambassadeur à la Cour de Vienne, Commandant en Provence; Et pardevant le Seigneur DES GALOIS, Chevalier, Seigneur de la Tour, Glené, Chezelles-Dompierre, & autres lieux, Conseiller du Roi en ses Conseils, Maître des Requêtes honoraire de son Hôtel, Premier President du Parlement d'Aix, Intendant de Justice, Police & Finances en Provence; Assignée par le mandement de Messieurs le Marquis de Buoüs, Leblanc, d'Aymar & Fabry-Borrilly, Procureurs du Pays.

A AIX,
Chez la Veuve de J. DAVID & ESPRIT DAVID, Imprimeurs du Roy, du Pays & de la Ville. Au Roy David.

M. DCC. XLII.

ABREGÉ

DU CAYER DES DELIBERATIONS DE L'ASSEMBLE'E Generale des Communautés du Pays de Provence,

Convoquée à Lambesc au vingt-uniéme Octobre 1742. pour commencer le lendemain vingt-deuxiéme, par autorité & permission de Monseigneur le Marquis DE MIREPOIX, *Maréchal héreditaire de la Foi, Chevalier des Ordres du Roi, Maréchal des Camps & Armées de Sa Majesté, ci-devant son Ambassadeur à la Cour de Vienne, Commandant en Provence; Et pardevant le Seigneur* DES GALOIS, *Chevalier, Seigneur de la Tour, Glené, Chezelles-Dompierre, & autres Lieux, Conseiller du Roi en ses Conseils, Maître des Requêtes honoraire de son Hôtel, Premier President du Parlement d'Aix, Intendant de Justice, Police & Finances en Provence; Assignée par le mandement de Messieurs le Marquis de Buoüs, Leblanc, d'Aymar, & Fabry-Borrilly, Procureurs du Pays.*

Dudit jour 22e. Octobre du matin.

MONSEIGNEUR LE MARQUIS DE MIREPOIX, Maréchal héreditaire de la Foi, Chevalier des Ordres du Roy, Maréchal des Camps & Armées de Sa Majesté, ci-devant son Ambassadeur à la Cour de Vienne, Commandant en Provence, a dit, &c.

Le Seigneur des Galois, Chevalier, Seigneur de la Tour, Glené, Chezelles-Dompierre & autres Lieux, Conſeiller du Roy en ſes Conſeils, Maître des Requêtes honoraire de ſon Hôtel, Premier Preſident du Parlement d'Aix, Intendant de Juſtice, Police & Finances en Provence, a dit, &c.

Contention entre M. l'Evêque de Graſſe & Mr. l'Aſſeſſeur ſur la parole.

Le Seigneur Eveque de Grasse, Conſeiller du Roi en tous ſes Conſeils, Procureur du Pays joint pour le Clergé, ayant commencé à parler, Monſieur Le Blanc, Aſſeſſeur d'Aix, Procureur du Pays, a dit que c'étoit à lui à parler: ſur quoi ledit Seigneur Evêque de Graſſe ayant repliqué que ſuivant l'uſage, ceux qui avoient occupé ſa place avoient parlé les premiers, ainſi qu'il conſte par les Regiſtres du Pays; Monſeigneur le Marquis de Mirepoix a dit, que ſans préjudice du droit des parties, le Seigneur Evêque de Graſſe porteroit la parole, juſques à ce qu'il ait plû au Roy de ſtatuer ſur cette conteſtation.

Après quoi ledit Seigneur Evêque de Graſſe a dit, &c.

Et led. Sr. Aſſeſſeur ne parlant plus, Monſeigneur le Marquis de Mirepoix lui a demandé s'il n'avoit rien à dire : à quoi ledit ſieur Le Blanc ayant repliqué que le diſcours du Seigneur Evêque de Graſſe ſuffiſoit ; mondit Seigneur le Marquis de Mirepoix lui a commandé de parler, en conformité de l'uſage, & ſans préjudice des droits des ſieurs Procureurs du Pays, en attendant qu'il plaiſe au Roi d'en décider.

En conſequence ledit ſieur Aſſeſſeur a dit, &c.

Dudit jour 22e. Octobre de relevée.

Proteſtation de Mr. d'Aymar, ſecond Conſul d'Aix, Procureur du Pays, ſur la préſeance de Mr. l'Aſſeſſeur, attendu l'abſence de Mr. le Marquis de Buous.

MOnſieur d'Aymar, ſecond Conſul d'Aix, Procureur du Pays, a dit, que Monſieur le Marquis de Buous, premier Conſul d'Aix, Procureur du Pays, qui avoit été député à cette Aſſemblée, conjointement avec Monſieur l'Aſſeſſeur & lui, en conformité des uſages, n'ayant pû s'y rendre, attendu qu'il eſt tombé malade, il croit qu'il doit faire une proteſtation ſur la premiere place que le ſieur Aſſeſſeur occupe en abſence de Monſieur le Marquis de Buous.

Proteſtation de Mr. l'Aſſeſſeur au contraire.

Mr. Le Blanc de Caſtillon, Aſſeſſeur d'Aix, Procureur du Pays, a proteſté au contraire.

Legitimation des pouvoirs.

Mr Le Blanc de Castillon, Assesseur d'Aix, Procureur du Pays, a dit, qu'il est de l'ordre de pareilles Assemblées de sçavoir si tous les sieurs Deputés sont arrivés, & s'ils ont remis au Greffe des Etats, leurs pouvoirs en bonne forme.

Contention entre l'Acquereur de l'Office de Maire & le premier Consul député de la Communauté de Colmars, sur l'assistance à l'Assemblée.

Me. Deregina Greffier des Etats a dit, que tous les sieurs Deputés sont arrivés & ont remis leurs pouvoirs au Greffe des Etats, en la forme ordinaire; il n'y a qu'une seule contestation que l'Assemblée doit decider, qui consiste à sçavoir si le premier Consul de Colmars qui est porteur de la deliberation de la Communauté qui le depute, doit assister à cette Assemblée, à l'exclusion du sieur Julien qui a acquis l'Office de Maire, qui se présente aussi pour y assister, sur le fondement de ce qu'il raporte un certificat du sieur Le Grand preposé à la vente de ces Offices, comme il en a entierement payé la finance; il se fonde sur l'article VI. du Reglement du Conseil au sujet des Offices Municipaux. Il est à remarquer que ce même article dit que les acquereurs desdits Offices qui n'auront pas entierement payé la finance, ne joüirout de leur droit qu'en raportant une commission du Conseil; celui-ci n'a ni cette commission ni des provisions.

L'Assemblée a deliberé qu'attendu que ledit sieur Julien, acquereur de l'Office de Maire, n'a pas encore raporté des provisions, ni été installé audit Office, le Consul député par la Communauté assistera à cette Assemblée.

Le premier Consul Député, admis.

Après quoi ledit Me. Deregina a fait lecture du Reglement pour la Messe, chaque jour, au nom du St. Esprit, pour le serment de tenir les propositions secrettes jusques à ce que la deliberation en soit prise, de ne pas reveler le détail des opinions; que les sieurs Deputés se trouveront aux séances aux heures assignées; il a aussi fait lecture de l'Arrêt du Conseil du dernier mars 1635. contenant deffenses de faire aucuns dons ni gratifications, & du Reglement portant que dans les huit premiers jours de la tenuë de l'Assemblée, les sieurs Deputés remettront leurs requêtes & demandes pour la reparation des Ponts & Chemins, à peine d'en être déchûs.

Lecture des Réglemens.

Et tous les assistans ont prêté le serment accoûtumé.

Prestation du serment.

La séance finie, l'Assemblée en corps est allée chez Monseigneur le Marquis de Mirepoix, où present le Seigneur Premier President & Intendant, le Seigneur Evêque de Grasse a rendu compte à mondit Seigneur le Commandant, de ce qui s'est passé dans cette premiere séance.

Du Mardi 23. Octobre du matin.

Remission des Ordres du Roi pour le don gratuit.

LE Seigneur Premier Président & Intendant a remis deux Lettres de cachet, dattées de Versailles du 23. Septembre dernier; l'une adressée à Messieurs les Députés de l'Assemblée, & l'autre à Messieurs les Procureurs du Pays, leur faisant sçavoir que Sa Majesté a envoyé à Monseigneur le Marquis de Mirepoix, Marêchal des Camps & Armées du Roi, Chevalier de ses Ordres, Commandant pour son service au Gouvernement de ce Pays; & au Seigneur de la Tour, Conseiller du Roy en ses Conseils, Premier Président du Parlement d'Aix, Intendant de Justice, Police & Finances en Provence, en absence de Monseigneur le Duc de Villars, Pair de France Gouverneur & Lieutenant Général audit Pays, les expeditions nécessaires pour la convocation & tenuë de la présente Assemblée, pour y être pourvû aux affaires les plus pressées, & principalement à l'imposition

ſition de la ſomme que Sa Majeſté deſire être levée dans le Pays l'année prochaine, pour ſubvenir & ſatisfaire aux dépenſes auſquelles Sa Majeſté a été obligée la preſente année; ledit Seigneur Premier Preſident & Intendant a auſſi remis des Lettres Patentes datées de Verſailles, du 4. du preſent mois d'Octobre, adreſſées à mondit Seigneur le Marquis de Mirepoix & audit Seigneur Premier Preſident & Intendant, afin que par ladite Aſſemblée, il ſoit pourvû à l'impoſition de la ſomme de ſept cent mille livres ſur tous les contribuables dudit Pays, à l'exception des Villes de Marſeille, Arles & Terres Adjacentes: Sa Majeſté demande cette ſomme avec d'autant plus de confiance, qu'Elle eſt perſuadée du zéle que les habitans dudit Pays ont pour ſon ſervice, ne doutant pas qu'ils ne ſe portent avec empreſſement à l'accorder. Il paroît par ces mêmes Lettres Patentes, que ladite ſomme de ſept cent mille livres eſt deſtinée aux armemens de mer, & payable aux termes & en la maniere qui a été pratiquée les années dernieres, & les deniers en provenant portés par ceux qui en feront la recette, ez mains du Treſorier des Galéres, ſur les quittances du Garde du treſor Royal.

Après la lecture qui a été faite des susdites Lettres de cachet, & de la susdite commission, ledit sieur Assesseur a dit, &c.

Deliberation. Sur quoi l'Assemblée, ne consultant que son zéle pour le service du Roy, a unanimément deliberé d'accorder les sept cent mille livres qui lui sont demandées de la part de Sa Majesté, pour le don gratuit de l'année prochaine 1743. payable ladite somme, en la forme & maniere accoûtumée sur les quittances du Garde du tresor Royal, bien & dûement controllées, sur lesquelles Messieurs les Procureurs du Pays expedieront leurs mandemens aux formes ordinaires; & sur les derniers payemens qui se feront, desdites sept cent mille livres, il sera déduit & compensé la subsistance des troupes d'Infanterie & de Cavalerie qui pourroit avoir été fournie par les Communautés, soit en quartier fixe, ou en quartier d'assemblée; & afin que Sa Majesté soit bientôt informée de la prompte obéïssance de l'Assemblée, pour l'execution de ses ordres, il a été deliberé de suplier mondit Seigneur le Marquis de Mirepoix & ledit Seigneur Premier President & Intendant de la faire valoir par leurs dépeches, qui seront portées avec celles de Messieurs les Procureurs du Pays par un Courrier exprès, auquel il sera payé la somme de mille livres, tant pour ses peines & soins, que pour les frais de sa course en allant & revenant.

Cette deliberation prise, l'Assemblée en corps est allée chez Monseigneur le Marquis de Mirepoix, où present le Seigneur Intendant, le Seigneur Evêque de Grasse en a donné connoissance à mondit Seigneur le Marquis de Mirepoix.

Dudit jour 23. Octobre de relevée, lesdits sieurs ne se sont point assemblés, s'étant occupés à faire leurs dépeches pour la Cour.

Du 24. dudit mois d'Octobre du matin.

Interêts des héritages occupés pour les Fortifications d'Antibes, Toulon, Seyne & Colmars.

ANTIBES.

Fortifications jusqu'en 1697.

LE Seigneur Premier President & Intendant a dit que par les instructions adressées de la part du Roy à Monseigneur le Marquis de Mirepoix & à lui, l'Assemblée doit mettre fonds pour le payement des interêts de la somme de quinze mille six cent soixante onze livres cinq sols qui reste dûe aux proprietaires des héritages compris dans les fortifications d'Antibes jusques en l'année 1697. de celle de dix-neuf mille deux cent cinquante-deux livres deux sols six deniers.

Idem, jusqu'en 1701.

Pour ceux de deux mille trois cent quarante-neuf livres qui reſtent auſſi dûes de la ſomme de quatre mille huit cent quatre-vingt-quatre livres pour d'autres héritages pris en 1701. pour les fortifications de ladite Ville & de ſon Fort.

Baſtides demolies en 1713.

Pour ceux de huit cent quatre-vingt-douze liv. qui reſtent dûes de la ſomme de trois mille deux cent deux livres aux proprietaires des huit baſtides aux environs de ladite Ville d'Antibes, qui ont été démolies en 1713.

Maiſons du Sr Philibert.

Pour ceux de dix-neuf cent trente-ſix livres huit ſols ſix deniers, à quoi ont été réduites par le procès-verbal du feu ſieur Decolla ancien Aſſeſſeur les deux mille deux cent quatre-vingt-ſeize livres dûes au ſieur Philibert pour deux maiſons qui ont été priſes pour les Fortifications de ladite Ville d'Antibes.

TOULON.

Nouvelle Boulangerie.

Pour ceux auſſi de trois mille huit cent ſoixante-deux livres ſept ſols qui reſtent encore dûes des trois mille neuf cent ſoixante dix-huit livres d'un côté, & dix-neuf cent quatre-vingt-quatre livres ſept ſols d'autre, pour les héritages occupés pour la nouvelle Boulangerie de Toulon.

Pour ceux de trente-neuf mille ſept cent ſoixante-dix-neuf livres trois ſols qui reſtent à payer de la ſomme de cinquante-ſix mille deux cent quatre-vingt-deux livres deux ſols aux proprietaires des héritages compris dans le camp retranché de Ste. Anne ſous Toulon en l'année 1707.

Camp de Ste. Anne.

Pour ceux encore de ſoixante-deux mille cinq cent douze livres un ſol trois deniers qui reſtent auſſi dûes de la ſomme de quatre-vingt-dix-ſept mille trois cent ſoixante-deux livres dix-neuf ſols trois deniers, tant pour la demolition des murailles lors du ſiege de Toulon, que pour les héritages compris dans les Fortifications du nouveau projet de ladite Ville, ayant été déduit vingt-huit mille cent dix-ſept livres ſeize ſols ſix deniers d'une part, qui ont été payées, & ſix mille ſept cent trente-trois livres un ſol d'autre, pour prix des héritages dont il n'eſt pas encore juſtifié que le terrein ſoit occupé.

Démolition des murailles lors du ſiege en 1707. & Fortifications du nouveau projet.

Pour ceux de dix-huit mille trois cent vingt livres dix-ſept ſols dûes aux proprietaires des héritages pris pour les Fortifications de Seyne.

SEYNE. Fortifications.

Pour ceux de cinq cent livres, à quoi a

Reſte d'une Tour apartenant

au Sr. Isoard. été estimé ce qu'on a pris en 1713. du restant de la Tour apartenant au sieur Isoard le long des remparts de Seyne, dont le bas a été occupé pour les Fortifications en 1698.

COLMARS. *Fortifications.* Et pour ceux de dix-sept mille cent trente-huit livres six sols quatre deniers dûes aux proprietaires des héritages compris dans les fortifications de Colmars.

Port de St. Nazaire. Il est aussi porté par les mêmes instructions, que Sa Majesté étant informée qu'il n'a point encore été deliberé de faire le fonds du tiers que doit fournir le Pays de Provence pour son contingent de la dépense à faire pour le rétablissement du Port de St. Nazaire, quoiqu'il en ait été fait article dans les instructions des deux dernieres Assemblées generales des Communautés, son intention est que ces ouvrages, dont Sa Majesté a reconnu l'utilité, ne soient pas plus long tems differés, & qu'il n'y ait pas de nouvelle remise pour le fonds qui doit être imposé pour le tiers pour lequel le Pays doit y contribuer, les deux autres tiers devant être fournis ; sçavoir, un tiers par la Communauté de St. Nazaire, & le dernier tiers par le Roy, conformément aux précedentes instructions, suivant le dévis qui en sera dressé, & l'adjudication qui en sera passée à la maniere accoûtumée.

MILICE.

Entretenement, habillement, & autres dépenses.

Les mêmes instructions portent que le Roy, ayant par Brevet arrêté en son Conseil le 19. Juin de la presente année 1742. reglé les sommes qui doivent être imposées pendant l'année prochaine 1743. sur les vingt Generalités des Pays d'élections, & sur les autres Provinces & Départemens du Royaume, pour l'entretenement, l'habillement & les autres dépenses concernant la Milice, comme aussi pour les six deniers pour livre destinés à la retenue des Invalides, & aux taxations du Tresorier general & les frais de recouvrement, l'intention de Sa Majesté est que l'Assemblée fasse l'imposition de la somme de vingt-six mille quatre cent quatre-vingt-neuf livres dix sols huit deniers que le Département de Provence doit suporter desdites dépenses, suivant l'Arrêt du Conseil, du 14. Août de la presente année, expedié en consequence dudit Brevet; sçavoir, de la somme de vingt-quatre mille six cent douze livres seize sols deux deniers, pour l'entretenement, l'habillement & les autres dépenses concernant la Milice; de celle de six cent quinze livres six sols cinq deniers qui doit être levée en consequence de l'article 23. de l'Ordonnance du 25. Fevrier 1726. pour les six deniers pour livre de la dépense desdites Milices, & de celle de douze cent soixante-une livres huit sols un denier pour les frais de recouvrement desdites deux sommes, à raison d'un sol pour livre, revenant, toutes les sommes susdites, à la premiere de vingt-six mille quatre cent quatre-vingt-neuf livres dix sols huit deniers, laquelle sera payée par les contribuables de quartier en quartier, & levée par les Collecteurs ordinaires, qui en remettront le montant, dans les mêmes termes que ceux de la taille, aux Receveurs particuliers dudit Pays de Provence, & par lesdits Receveurs particuliers au Tresorier general dudit Pays, pour être, ladite somme de vingt-six mille quatre cent quatre-vingt-neuf livres dix sols huit deniers, déduction faite d'un sol pour livre des taxations, qui sera retenu & distribué entre les Collecteurs & autres Preposés particuliers & generaux, ainsi & de la maniere usitée dans ledit Pays, remise par le Tresorier general au tresor Royal, & employée suivant les ordres de Sa Majesté.

Chemins. Les mêmes instructions portent qu'il soit incessamment travaillé au rétablissement des chemins; ensorte qu'ils soient en bon état. Comme

Comme auſſi que l'Aſſemblée donne une attention particuliere à l'acquittement des dettes du Pays, & à tout ce qui peut concerner le bien du commerce & l'avantage des manufactures.

Dettes du Pays.

Commerce & manufactures.

Suivant les mêmes inſtructions, il eſt porté que le Roi ayant fait examiner en ſon Conſeil les moyens de pourvoir aux dépenſes extraordinaires auſquelles Sa Majeſté ſe trouve obligée dans les conjonctures préſentes; Elle a jugé qu'il n'y en avoit point de plus prompts & de moins onereux à ſes Sujets, que celui qui fut mis en uſage en l'année 1714. dans pluſieurs Provinces des Pays d'Etats, en conſtituant par Sa Majeſté aux Etats de ces Provinces des rentes au denier vingt, moyenant les Finances qu'ils porterent au tréſor royal, & dont les interêts & le rembourſement des capitaux furent aſſignés ſur les deniers des impoſitions que leſdits Etats devoient payer annuellement à Sa Majeſté; ce qui s'eſt encore pratiqué dans la préſente année dans la Province de Bourgogne: & le Roi étant perſuadé que ſes Sujets du Pays de Provence ne ſeront pas moins diſpoſés que ceux des autres Provinces à lui donner en cette occaſion des nouvelles marques de leur zele pour ſon ſervi-

Demande du Roi ſur la création & alienation de cent mille livres de rente héreditaire que Sa Majeſté deſire faire au Pays de Provence, moyenant deux millions de livres qu'elle lui permettra d'emprunter.

ce, Sa Majeſté a réſolu de créer par un Edit qu'elle donnera à cet effet, cent mille livres de rentes héreditaires à raiſon du denier vingt, pour être alienées aux ſieurs Procureurs du Pays de Provence, à la charge par eux de payer au Tréſor Royal la ſomme de deux millions de livres pour la Finance principale deſdites cent mille livres de rente, de laquelle ſomme de cent mille livres le fond ſera pris par préference à la partie revenante au Tréſor Royal ſur tous les deniers qui ſont annuellement payés à ſa Majeſté par le Pays, juſqu'à ce que le principal de ladite rente ſoit entierement éteint & amorti, & que pour en aſſurer le rembourſement il ſoit ordonné par le même Edit, qu'outre ladite ſomme de cent mille livres leſdits ſieurs Procureurs du Pays de Provence retiendront encore chaque année ſur les mêmes deniers qui ſont payés à Sa Majeſté par ledit Pays, pareille ſomme de cent mille livres pour y être employée juſqu'à l'entier & parfait rembourſement dudit capital de deux millions, lequel diminuera au profit de Sa Majeſté à proportion des rembourſemens qui ſeront faits annuellement de partie de ce capital; ſçavoir, la premiere année du fonds de cent mille livres deſtiné à l'amortiſſement du capital,

& les années ſuivantes tant du même fonds que de la ſomme qui ſe trouvera reſter des cent mille livres affectées au payement des arrerages après l'acquittement entier de tout ce qui ſe trouvera dû de ces arrerages ; & afin que le ſecours que le Pays de Provence donnera au Roi en cette occaſion ne ſoit point à charge à ſes Sujets dudit Pays, Sa Majeſté permettra par cet Edit aux ſieurs Procureurs du Pays d'emprunter ladite ſomme de deux millions à conſtitution de rente, aux conditions qu'ils jugeront à propos, & d'affecter, tant au payement des interêts ou arrerages, qu'au rembourſement du capital, en certain nombre d'années, ladite ſomme de deux cent mille livres que Sa Majeſté leur permettra, comme il eſt dit ci-deſſus, de retenir annuellement ; que les contrats qui ſeront faits pour raiſon dudit emprunt, ſeront & demeureront exempts du payement du dixiéme ; que de plus les rentes qui ſeront conſtituées à prix d'argent ſur cet emprunt au profit des gens de main morte, ſeront déchargées de tous droits d'amortiſſement, & que les contrats, quittances & autres actes concernant cet emprunt, ſeront exempts des droits de Controlle & de Sçeau apartenans au Roi : & Sa Majeſté a d'autant plus lieu d'attendre que l'Aſſemblée se conformera en cela à ses intentions, que le secours que Sa Majesté se propose de recevoir dudit emprunt aux conditions ci-dessus expliquées, ne sera en aucune maniere à la charge du Pays.

DELIBERATION.

Interêts des héritages occupés pour les fortifications.

Sur quoi l'Assemblée a deliberé qu'il sera mis fonds ci-après pour les interêts des sommes principales, dont mention est faite ci-dessus, à raison de trois pour cent, concernant les héritages pris pour les Fortifications de Seyne & de Colmars, la nouvelle Boulangerie de Toulon, les héritages compris dans le camp retranché de Ste. Anne sous Toulon, & pour ceux compris dans les fortifications de la même Ville, des fortifications d'Antibes & de son Fort des années 1697. 1701. & 1704. pour les interêts de ce qui reste dû de la somme de trois mille deux cent deux livres, à quoi a été fixé le prix des huit bastides aux environs d'Antibes dont le Roy avoit ordonné la démolition en 1713. de celle de dix-huit cent trente-six livres dix-huit sols six deniers dûe au sieur Philibert, laquelle imposition ne sera faite que pour deux tiers des interêts desdites sommes qui doivent être payés par le Pays, les Villes de Marseille, Arles & Terres Adjacentes étant obligées de contribuer pour l'autre tiers.

PORT DE St. NAZAIRE.

Nouveau devis, & le Pays contribuera pour un tiers de la dépense.

Comme aussi l'Assemblée a deliberé qu'il sera fait un nouveau dévis par l'Ingenieur, en presence de l'un de Messieurs les Procureurs du Pays, des ouvrages qui restent à faire pour la perfection du Port de St. Nazaire, lesquels seront mis aux encheres sur le pied dudit dévis qui sera fait, & le Pays contribuera pour un tiers du montant de la dépense, pour laquelle il sera mis fonds ci-après dans les impositions.

MILICE.

L'Assemblée a encore deliberé, qu'il sera mis fonds de la somme de dix-huit mille neuf cent vingt-une livres un sol onze deniers, pour les trois quarts de celle de vingt-quatre mille six cent douze livres seize sols deux deniers d'une part, & six cent quinze livres six sols cinq deniers d'autre, competant aux Communautés du Pays de Provence, de l'entretenement, habillement & autres dépenses concernant les Milices, le quart restant devant être suporté par Marseille, Arles & Terres Adjacentes; laquelle somme de dix-huit mille neuf cent vingt-une livres un sol onze deniers sera payée sur les quittances du Garde du tresor Royal, & le mandement de Messieurs les Procureurs du Pays.

Chemins & dettes du Pays.

Et quant aux autres articles desdites instructions concernant la reparation des ponts & chemins, & l'acquittement des dettes du Pays, l'Assemblée a reservé d'en parler dans une autre séance, sur la connoissance qui lui en sera donnée.

Emprunt de deux millions de livres pour l'acquisition des cent mille livres de rente que le Roi desire créer & aliener au Pays.

Et à l'égard du dernier article desdites instructions, l'Assemblée, pour donner de nouvelles marques à Sa Majesté de sa parfaite soûmission & de son zéle pour son service, a donné pouvoir à Messieurs les Procureurs du Pays d'emprunter deux millions de livres, à la cotte du denier vingt, pour être ladite somme prêtée à Sa Majesté aux conditions portées par la proposition du Seigneur Intendant, & en conformité de l'Edit qui sera donné par Sa Majesté, sur le même modéle que celui qui a été donné pour les Etats de Bourgogne.

Relation des principales affaires.

Monsieur le Blanc de Castillon, Assesseur d'Aix, Procureur du Pays, a dit que l'honneur que Messieurs ses Collegues & lui ont eu d'administrer, pendant le cours de cette année, les affaires du Pays, l'oblige d'en rendre compte à la presente Assemblée, soit pour en obtenir la ratification, soit pour donner les éclaircissemens necessaires aux matieres sur lesquelles on doit deliberer, en renvoyant à d'autres séances celles qui exigent des deliberations particulieres.

DIXIE'ME.

Abonnement, repartition & recouvrement.

L'un des premiers & des principaux objets dont ils ont été frapés dès le commencement de leur administration, a été l'établissement du dixiéme des revenus, dont la levée au profit du Roy avoit été ordonnée par une Declaration de Sa Majesté, à commencer du 1er. Octobre de l'année derniere.

Messieurs les Procureurs du Pays qui étoient en exercice dans la même année, n'oublierent rien pour obtenir un abonnement sur le même pied qu'il avoit été fait lors des précedentes levées du dixieme; mais nonobstant leurs remontrances reïterées, on leur répondit que l'intention du Roy étoit, que cet abonnement fût porté à la somme de sept cent mille livres, en y comprenant les Villes de Marseille & d'Arles, les Terres Adjacentes & les Fiefs nobles.

Les mêmes remontrances furent pourtant renouvellées par Messieurs les Procureurs du Pays actuellement en place, & ils y employerent tous les motifs qu'ils crûrent les plus propres à leur en procurer le succès; mais ils reçurent les mêmes réponſes, fondées ſur les beſoins de l'Etat, & ſur la ſituation preſente des affaires, ce qui leur fit prendre le parti de s'en raporter à la volonté du Roy par une deliberation du 15. Janvier de la preſente année, qui contient en même tems toutes les raiſons qui pouvoient leur faire eſperer une diminution de la ſomme de ſept cent mille livres.

Sa Majeſté a parû touchée de leur ſituation, & ſatisfaite des marques de leur zéle, Elle a même fait eſperer d'y avoir égard dans d'autres occaſions, ſuivant les réponſes de ſes Miniſtres ; mais il n'a pas été poſſible de changer les arrangemens qui avoient été pris, & il eſt intervenu un Arrêt du Conſeil, du 15. May dernier, qui accepte l'abonnement du Dixieme dans le Pays & Comté de Provence, moyenant la ſomme de ſept cent mille livres, y compris le contingent des Villes de Marſeille & d'Arles, des Communautés des Terres Adjacentes & Villes franches, de celle d'Oreille, de la Vallée de Barcelonette, & des Fiefs nobles.

Ce contingent eſt reglé ſeparément & en détail dans le même Arrêt, par raport à chacun de ces divers corps, & porté en total

otal à la somme de trois cent deux mil-
e quarante livres, & le restant, qui se
nonte à celle de trois cent quatre-vingt
lix-sept mille neuf cent soixante livres, est
ejetté sur les Communautés des Vigueries
le Provence comprises dans l'affoüagement
general, suivant la repartition qui en seroit
aite par Messieurs les Procureurs du Pays;
ls y ont satisfait en consequence, & après
voir prélevé le produit de la retenue du
lixieme sur les rentes non privilegiées, &
es sommes ausquelles ils ont crû devoir cot-
iser en sus quelques Villes principales dont
es maisons ou le commerce auroient fait en
artie l'objet du dixieme, ils ont augmenté
a cottisation de chacune de ces Commu-
autés de ce produit, & imposé le restant
 cottité de feux; & quoique dans la com-
araison qui pourroit être faite de cette re-
artition aux précedentes, on puisse y trou-
er quelque difference, elle étoit d'autant
lus necessaire, que les repartitions faites
ar feu M. Lebret en 1711. & en 1734.
'avoient point pour principe une regle fixe,
 qu'il est d'ailleurs survenu des change-
nens considerables depuis le nouvel affoüagement.

Le recouvrement de cette repartition a

été donné au ſieur Gautier, Treſorier des Etats, que l'Aſſemblée particuliere du Pays, du 18. Juin dernier a nommé à cet effet.

Paſſage en Provence de S. A. R. le Prince Dom Philipe, Infant d'Eſpagne.

Dès qu'on eut des avis certains que ſon Alteſſe Royale le Prince Dom Philipe Infant d'Eſpagne devoit arriver en Provence, Meſſieurs les Procureurs du Pays deſirant lui rendre ce qui lui eſt dû, s'aſſemblerent chez M. l'Archevêque; il y fut deliberé que Mr. le Marquis de Buous, Mr. Le Blanc de Caſtillon & Mr. d'Eymar, Procureurs du Pays, le Treſorier & les Greffiers des Etats, ſe rendroient inceſſamment à Taraſcon pour avoir l'honneur de recevoir ce Prince au bord du Rhône, qui ſepare la Provence du Languedoc, & de l'accompagner juſques à Antibes, ainſi qu'il avoit été pratiqué lors du paſſage de ſon Alteſſe Royale le Prince Dom Carlos, aujourd'hui Roy des deux Siciles.

Ils ſe ſont acquittés de ce devoir, & ont fait rendre à ce Prince, pendant toute la route, les honneurs qui lui ſont dûs: Mr. Le Blanc Aſſeſſeur, arrivé au terme de la deputation, en revint quelques jours après pour venir vacquer aux affaires du Pays; Mr. d'Eymar partit enſuite en même tems que M. de la Tour, & Mr. le Marquis de Buous s'arrêta pour donner les ordres necessaires, en qualité de Procureur du Pays.

TROUPES Espagnolles.

Passage & séjour en Provence.

Le passage & le séjour des troupes Espagnolles en Provence, ont donné lieu à divers avis & à divers ordres, qu'il a fallu adresser aux Communautés pour les engager à se munir des provisions necessaires; les furnitures qu'elles ont fait en denrées & en fourrages, leur ont été payées suivant le taux qui en avoit été fait.

Logement & ustenciles, & excedent du prix des voitures fournis par les Communautés.

Mais ces troupes n'ont voulu payer ni le logement & l'ustencile, ni l'excedent du prix des voitures au-delà de vingt sols par colier, dans la plûpart des endroits où elles ont passé, ainsi que d'autres troupes d'Espagne en avoient usé en l'année 1733. ce qui fit la matiere des remontrances faites en 1734. & renouvellées en 1741. aux fins de suplier Sa Majesté de vouloir bien pourvoir à ce remboursement sur le pied de la liquidation qui en avoit été faite à quatre-vingt-huit mille cinq cent dix-neuf livres.

Cet exemple donna lieu à Messieurs les Procureurs du Pays de prendre des mesures pour prévenir cet inconvenient en la presente année.

Dès les premiers avis qu'ils reçûrent de la marche des troupes Espagnolles, ils eurent l'honneur de faire à la Cour des representations, sur lesquelles M. le Marquis de Bretüeil Ministre de la guerre, écrivit à M. de la Tour, que l'intention du Roy étoit que les troupes d'Espagne passant en Provence y payassent l'ustencile, & le prix des voitures à raison de trois livres par colier.

On a tâché de l'exiger conformément à cet ordre, mais on n'a pû y parvenir; les Officiers de ces troupes se sont obstinés à refuser ce payement, sous prétexte qu'on ne leur avoit pas remis des fonds pour y satisfaire, parce qu'on n'avoit pas crû que les troupes de Sa Majesté Catholique fussent traitées autrement en Provence, que celles du Roy, & qu'on n'avoit rien exigé de semblable en Roussillon & en Languedoc.

Les Consuls de Tarascon qui furent les premiers exposés au passage des mêmes Troupes, & à qui l'on avoit donné connoissance de la lettre de M. le Marquis de Bretüeil, representerent en vain que les usages de ces Provinces sont differens de ceux du Pays de Provence, qui paye à pure perte la dépense du logement & de l'ustencile aux troupes du Roy, & qui ne peut être obligée à la même fourniture à l'égard des troupes étrangeres quoiqu'alliées; ils furent obligés de ceder à la force, & les autres Communautés suivirent le même exemple, pour ne pas interrompre la marche des troupes, & n'exposer point les fruits de leurs terroirs.

Les Procureurs du Pays qui étoient alors à la suite du Prince Dom Philipe, exposerent l'état des choses au Marquis de la Ensenade son Secretaire d'Etat, qui leur répondit qu'on n'avoit pas prévû à la Cour d'Espagne la demande qu'ils faisoient, & qu'il n'étoit pas possible que les troupes y satisfissent; mais que si la Province vouloit bien en faire l'avance, elle en seroit infailliblement remboursée sur les memoires qu'il demanda, & qu'il promit d'apuyer.

Ces memoires furent dressés, & remis en consequence, après en avoir conferé avec M. de la Tour, qui jugea qu'en l'état des choses, il n'étoit pas possible de prendre une autre voye.

Cependant on n'a point eu de nouvelles de la Cour d'Eſpagne ; Meſſieurs les Procureurs du Pays ſe ſont adreſſés de nouveau à celle de France ; les réponſes qu'ils en ont reçû portent, que leurs mémoires ont été envoyés & recommandés à l'Ambaſſadeur d'Eſpagne, qui en a écrit à Madrid, & en attendant ils ont écrit eux-mêmes à toutes les Communautés qui ont été expoſées au paſſage & au logement des Troupes Eſpagnoles, d'envoyer des états certifiés de toutes les fournitures qu'elles ont fait en cette occaſion, & dont elles n'ont pas été payées, à quoi la plûpart ont ſatisfait.

BLEDS

Achats pour éviter le ſurhauſſement du prix.

Le ſejour des mêmes troupes en Provence a occaſionné en partie la cherté des denrées & des fourrages. Le ſurhauſſement du prix du bled ſurvenu tout à coup, ou par cette cauſe, ou par d'autres, fit juger à Meſſieurs les Procureurs du Pays qu'il étoit eſſentiel d'en prévenir le progrès.

Ils ont crû ne pouvoir prendre une précaution plus utile que d'acheter une certaine quantité de bled à Marſeille, & le faire vendre au-deſſous du prix courant au marché d'Aix, qui répond à la plûpart de ceux du Pays, & ils en ont fait diſtribuer en même tems & au même prix, aux Communautés qui leur en ont fait demander.

L'évenement a justifié leur prévoyance; le prix du bled a diminué bien loin d'augmenter, & les achats ont été suspendus en attendant la détermination de la présente Assemblée, soit pour en faire de nouveaux si elle le juge à propos, soit pour l'établissement des magasins d'abondance, non-seulement dans la Ville d'Aix, mais encore dans tel autre lieu de Provence qu'elle trouvera bon.

BLEDS.

Les Srs Verguin & Grizole, Preposés aux magasins établis à Toulon & à Marseille.

La perte sur le prix a été peu considérable, & consiste principalement aux frais de magasinage, du transport & des préposés. Le sieur Verguin, l'un d'entr'eux, qui avoit été subrogé au sieur Mouriés pour la vente des bleds achetés dans les précedentes années & enmagasinés à Toulon, avoit demandé un droit de commission, & s'étoit pourvû pardevant M. l'Intendant. Messieurs les Procureurs du Pays l'ont fait départir de cette prétention, & ils lui ont accordé seulement une retribution modique à raison de quatre livres dix-sols par jour, ce qui leur a paru d'autant plus juste que la gestion de ce Préposé a été trouvée très-exacte dans le compte qu'il en a rendu. Il y a eu plus de difficulté dans celui du sieur Grizole, autre Préposé à la vente des bleds enmagasinés à Marseille, attendu qu'il y a passé le dechet d'un & demi pour cent; mais après avoir pris des éclaircissemens sur ce point, on a jugé à propos de l'admettre, en conformité des certificats qu'il a raporté des Négocians de la même Ville & de la réponse faite par le sieur Roux de Peipin à une lettre qui lui avoit été écrite sur ce sujet par Mr. d'Eymar, l'un de Messieurs les Procureurs du Pays.

BLEDS.

Exemption & franchise de tous droits.

Ils ont crû devoir ajoûter à la précaution d'acheter des bleds pour éviter le surhaussement du prix, celle de demander le renouvellement des Arrêts qui avoient été rendus & publiés dans les années précedentes au sujet de la franchise des bleds qui passent d'une Province à une autre. Messieurs les Procureurs du Pays ont eu l'honneur d'en écrire à M. le Controlleur Général; il leur a répondu qu'il a donné ordre aux Fermiers Généraux & à leurs Préposés, de n'exiger aucun droit sur les bleds à l'occsion du transport qui en est fait d'une Province à une autre, & qu'en ce qui est

eſt de l'exemption des Péages, on peut la faire valoir, ſuivant l'Arrêt du Conſeil de 1739. qui n'exige point de nouvelles diſpoſitions.

Le ſéjour du Regiment d'Eſtherazy Huſſards en Provence, a été l'occaſion d'une dépenſe conſiderable; Meſſieurs les Procureurs du Pays ont ſouvent écrit en vûe de la faire ceſſer.

Regiment d'Eſtherazy Huſſards en quartier en Provence.

Fourrages.

Mais ces troupes n'ont eu ordre de ſortir de Provence, qu'à la fin du mois de Mai: le compte des fournitures qui leur avoient été faites, & de ce qui leur étoit dû ſur le pied du traité qui fut fait l'année derniere, à raiſon de dix-huit ſols ſix deniers pour chaque ration, outre les cinq ſols payables ſur le compte du Roy par l'Extraordinaire des guerres, & que le Pays leur abandonna, a été fait avec le ſieur Chevalier de Bonaire, Major de ce Regiment.

On lui opoſa deux differentes déductions, l'une des cinq ſols pour chaque Cavalier depuis le 23. Août, jour de l'entrée du Regiment en Provence, juſques au 12. d'Octobre jour du traité, tems auquel la fourniture avoit été faite en eſpece.

L'autre, de la fourniture de l'étape aux détachemens qui avoient servi pour l'escorte de l'Ambassadeur de la Porte.

Ce Major contestoit l'une & l'autre de ces déductions, & il demandoit une indemnité, attendu les pertes qu'il presuposoit que ce Regiment avoit souffert par le délogement de Fréjus & des lieux voisins dans des quartiers plus éloignés, où il présuposoit qu'on n'avoit pû faire des provisions avec le même avantage, & où le prix des fourrages avoit augmenté à l'occasion du passage des troupes Espagnolles.

Il fut jugé à propos dans une Assemblée particuliere de faire la déduction de cinq sols pour chaque Cavalier depuis le 23. Août de l'année derniere, & celle de la fourniture de l'étape aux détachemens qui avoient escorté l'Ambassadeur de la Porte, pour marquer une exacte attention à suivre les regles; mais en même tems, on crut devoir prévenir les suites des representations des Officiers de ce Regiment, à l'occasion des pertes qu'ils avoient souffert par un cas imprévû, & l'indemnité qu'ils demandoient sur ce fondement & qu'ils portoient à plus de six mille livres, fut abonnée, après diverses negociations, à la somme de douze cent livres, à quoi le sieur de Bonaire consentit enfin, de même qu'aux deux déductions proposées.

Le sieur Cheyla, Directeur des Domaines & droits y joints, a élevé une prétention nouvelle sous le nom des Cessionnaires des précedens Regisseurs au sujet des quatre sols pour livre des épices du jugement des comptes du sieur Tresorier des Etats.

Trois & quatre sols pour livre des épices des comptes du Pays demandés sous le nom de François le Gras, depuis le 1er. Avril 1722. jusqu'au 1er. Octobre 1726.

Ces droits avoient été adjugés par l'Arrêt du Conseil du 12. Novembre 1737. depuis le 1er. Octobre 1726. Le sieur Cheyla a prétendu qu'ils devoient être payés depuis le 1er. Avril 1722. qu'il présupose être l'époque de l'établissement des mêmes droits, & sur ce fondement il avoit decerné une contrainte contre le sieur Gautier, Tresorier du Pays.

Messieurs les Procureurs du Pays ont formé oposition à cette contrainte, & ils ont établi par une Requête presentée à M. de la Tour, qu'elle est également irreguliere & injuste, attendu que le sieur Cheyla, ni ceux au nom de qui il agit, n'ont aucun titre qui porte execution parée, & que la demande qui fut portée au Conseil sous le nom de

Gregoire Carlier, & ſur laquelle l'Arrêt du 12. Novembre 1737. ſtatua, en la limitant depuis le 1er. Octobre 1726. comprenoit les droits anterieurs, & même ceux qui avoient été negligés dans les précedens baux, ainſi qu'il eſt juſtifié par les Requêtes qui ont été jointes à celle de Meſſieurs les Procureurs du Pays, ce qui ſupoſe un deboutement tacite de la nouvelle demande formée par le ſieur Cheyla, ſous le nom des anciens Regiſſeurs.

Elle a été renvoyée au Conſeil par l'Ordonnance de M. de la Tour, où cette affaire eſt encore indéciſe; mais on a lieu d'en eſperer un évenement favorable, ſur les pieces & les mémoires qu'on a pris ſoin d'envoyer au ſieur Bronod de Liſle, Avocat du Pays au Conſeil.

MOANS & Sartoux.

Conſuls.

Les Communautés de Moans & de Sartoux ont fait repreſenter que l'état où elles ſe trouvent ne leur permettoit pas de trouver des Conſuls qui vouluſſent adminiſtrer leurs affaires: on a crû que pour éviter un inconvenient auſſi eſſentiel que celui du défaut d'adminiſtration, il étoit à propos de ſuplier Sa Majeſté de vouloir bien nommer des Conſuls à ces deux Communautés, &

de les obliger de gérer. Meſſieurs les Procureurs du Pays ont eu l'honneur d'en écrire à M. le Comte de St. Florentin, enſuite d'une Deliberation & d'une Conſultation, & il a eu la bonté de faire attention à cette demande, & d'envoyer des ordres pour la nomination des Conſuls dans ces mêmes Communautés.

GRELE.

Dommages cauſés à diverſes Communautés.

L'Aſſemblée eſt inſtruite du dommage cauſé dans la Viguerie de Draguignan & ailleurs par un orage mêlé de grêles, qui a ravagé les terroirs, emporté les fruits de la recolte, & même endommagé les fonds.

Pluſieurs Communautés en ont porté des plaintes à Meſſieurs les Procureurs du Pays, & ils avoient determiné que Mr. le Marquis de Buous premier Conſul d'Aix, Procureur du Pays, retournant à Antibes pour ſe rendre auprès de ſon Alteſſe Royale le Prince Dom Philipe Infant d'Eſpagne, dreſſeroit des procès verbaux de ces dommages pendant le cours de ſa route; mais il a été obligé d'en prendre une autre, & il n'a pû joindre ce Prince qu'à Digne, ce qui a ſuſpendu la dreſſe de ces procès-verbaux: Meſſieurs les Procureurs du Pays ont crû que pour y ſupléer, les Communautés plaignantes devoient raporter chacune en droit soi les preuves des dommages qu'elles ont soufferts, soit par les registres de la dîme, soit par d'autres voyes ; & ils leur ont écrit des lettres circulaires pour les y engager, en vûe de demander au Roy les soulagemens dont elles ont besoin.

Il y a eu diverses deliberations particulieres selon l'occurence des affaires.

PORT DE CASSIS.

Tiers de la dépense concernant le Roy, à laquelle le Pays & la Communauté ont fourni leur contingent.

La Communauté de Cassis ayant representé combien il étoit essentiel de hâter la reparation du mole de son Port, ordonnée par un Arrêt du Conseil, & dont la dépense doit être suportée jusqu'à la concurrence de vingt-quatre mille deux cent livres, un tiers par le Roy, & les deux autres tiers par le Pays & par la Communauté.

Il a été jugé à propos de fournir à diverses reprises le contingent du Pays, en même tems que la Communauté a fourni le sien, & il a été écrit diverses lettres à M. le Controlleur general, pour l'engager à faire payer celui dont Sa Majesté a bien voulu se charger, à quoi l'on a promis de satisfaire.

BELGENCIER

Intervention accordée à cette Communauté sur l'oposition par elle formée à l'Arrêt du Conseil obtenu par le sieur Portalis, qui réduit les moulins à papier qu'il y possedoit au seul alivrement du sol

La Communauté de Belgencier a demandé l'intervention de Messieurs les Procureurs du Pays, sur l'oposition qu'elle a formée à un Arrêt du Conseil, qui réduit à l'allivrement du sol les moulins à papier du sieur Portalis, & il a été jugé à propos d'accorder cette intervention, attendu que la Declaration de 1715. fixe l'allivrement de ces sortes d'engins à la moitié de leur valeur, & qu'il ne paroit pas qu'il y ait lieu de s'éloigner de cette loi generale dans le cas particulier dont il s'agit : cette affaire a été renvoyée à M. de la Tour, & elle n'est pas encore décidée.

INCENDIE.

Indemnité de dommages accordée au Hameau de Villeplane, terroir de Guilleaume.

Le Hameau de Villeplane, terroir de Guilleaume, avoit demandé au Pays une indemnité des dommages qu'elle a souffert par un incendie considerable survenu dans le lieu ; il avoit été jugé à propos de faire verifier ces dommages, dont il a été dressé un procès-verbal par le sieur Bonety : il a été deliberé dans une Assemblée particuliere d'accorder à ce Hameau la moitié de l'estimation portée par le même procès-verbal, se montant à deux mille deux cent livres, à la charge qu'elle en payeroit les frais.

Le sieur Isoard proprietaire d'u-

La même Assemblée a déliberé de con-

ne partie de Tour long des ramparts de Seyne,

Payement du principal & des arrerages d'interêts jusques au 25. Septembre 1742.

ſentir au payement demandé par le ſieur Iſoard, héritier du ſieur Savournin, du fonds de la penſion à lui aſſignée ſur le Pays pour le dédommagement d'une partie de maiſon qui a ſervi à la conſtruction d'une tour à Seyne, à condition qu'il déduiroit les deux quints ſur le capital & ſur les interêts attendu qu'ils ſont reduits au trois pour cent, à quoi le ſieur Iſoard ayant conſenti par le miniſtere de ſon Procureur, il lui a été fait mandat après avoir verifié que cette ſomme avoit été compriſe dans les précedentes inſtructions envoyées à M. l'Intendant en 1735. & que le motif qui en avoit fait rejetter le payement lors de l'Aſſemblée générale de 1733. ne ſubſiſtoit plus.

CHEMIN d'Yeres à la mer.

Sommation au Sr. Pumenc pour le rétabliſſement de l'aqueduc par lui démoli.

Monſieur le Marquis de Pontevés Giens s'étant plaint que le ſieur Pumenc de la Ville d'Yeres a détruit, contre le pacte de la tranſaction paſſée entre Meſſieurs les Procureurs du Pays & lui, l'un des acqueducs ſouterrains qui étoient ſous le chemin d'Yeres allant à la mer, & qui ſervent à procurer la vuidange des eaux & à rendre ce chemin plus ſec & plus praticable, ſurtout en hyver, il a été déliberé d'envoyer le ſieur Valon, Ingenieur du Pays, ou ſon fils reçû en ſurvivance, pour dreſſer un procès

procès verbal de l'état des mêmes lieux, ce qui a été executé par le ſieur Valon fils ; & comme il conſte par ce procès-verbal de la démolition de l'acqueduc, il a été fait un acte de ſommation au ſieur Pumenc, de la part de Meſſieurs les Procureurs du Pays, pour l'obliger à le rétablir, ſous la proteſtation de le rendre reſponſable des frais qui ſeront faits à cette occaſion.

RENTE Domaniale aliénée à vie.

Reſtitution du Dixiéme retenu ſur les parties réünies au domaine par le décès des Alienataires.

On avoit jugé à propos de faire une retenuë de deux cens une livres pour le dixiéme des rentes faiſant partie de la penſion annuelle & perpetuelle de trente-cinq mille livres que le Pays paye au Roi, attendu que ces rentes avoient été aſſignées à des particuliers engagiſtes du Domaine ; mais M. le Controlleur Général ayant décidé qu'on devoit en uſer comme dans les précedentes années où le dixiéme avoit eu lieu ; on n'a pû ſe diſpenſer de rendre cette ſomme, & il en a été expedié mandat.

CHATEAU-NEUF D'OPIO.

Soulagement.

La derniere Aſſemblée ayant renvoyé à Meſſieurs les Procureurs du Pays la demande de la Communauté de Chateauneuf d'Opio, tendante à obtenir quelque ſoulagement attendu l'état où elle ſe trouve nonobſtant les ſecours qu'elle a déja reçûs du

Roi & du Pays, ils ont crû devoir aprofondir les causes du derangement de cette Communauté, à laquelle ils ont demandé les comptes des Trésoriers & d'autres pieces; mais celles qui leur ont été remises n'ayant pas été jugées suffisantes, ils ont renvoyé l'examen & la décision au mois de Novembre prochain.

Il a été jugé quelques procès très-interessans pour le Pays.

LIEUTENANS Generaux de Police.

Arrêt du Parlement qui maintient les Consuls des Villes Royales dans les droits & exercice de ces Offices.

Les contestations survenuës au sujet d'une contravention aux Statuts des Marchands Drapiers & Quinquailliers de la Ville de Toulon, & d'une saisie faite en consequence, donnerent lieu à un conflit de jurisdiction entre les sieurs Consuls de la même Ville, en qualité de Lieutenans Généraux de Police, & les sieurs Officiers de la Sénéchaussée; ceux du Siége Général d'Aix intervinrent pardevant la Cour de Parlement dans l'instance d'apel, & Messieurs les Procureurs du Pays intervinrent aussi de leur côté pour soûtenir les droits attribués aux Offices de Lieutenans Généraux de Police réünis au corps des Communautés, & après plusieurs Audiences de plaidoirie & un Arrêt de registre, la Cour de Parlement en a fait un définitif du 19. Janvier 1742. au raport de Mr. le Conseiller le Blanc de Ventabren, qui renvoye les parties & matiere pardevant les Consuls Lieutenans Généraux de Police de Toulon, pour y poursuivre ainsi qu'il apartient, & de même suite faisant droit à leur Requête incidente, fait très-expresses inhibitions & défenses aux Officiers de la Sénéchaussée de Toulon & à tous autres qu'il apartiendra, de les troubler dans la possession & joüissance de l'Office de Lieutenant General de Police créé par l'Edit du mois d'Octobre 1699. & de tous les droits attribués par icelui : ordonne que le susdit Edit, Declarations de Sa Majesté & Arrêts rendus en consequence, seront executés selon leur forme & teneur ; ce faisant, que les Officiers de la Sénéchaussée de Toulon ne connoîtront, en matiere de Police, que des faits concernant le port des armes, assemblées illicites, séditions, tumultes & desordres qui pourroient arriver à occasion d'icelles, ensemble des autres cas où il peut écheoir peine afflictive ; & qu'à l'égard des autres matieres de Police où il ne s'agit que de prononcer des aumônes, amendes, confiscations de marchandises, & denrées mentionnées au susdit Edit du mois d'Octobre 1699. la connoissance en apartiendra ausdits Consuls Lieutenans Generaux de Police, & ce à peine de tous dépens, dommages & interêts; & qu'en cas de trouble & de contravention, il en sera informé de l'autorité de la Cour, &c.

Il a été jugé à propos de faire imprimer cet Arrêt, avec le plumitif & quelques autres titres qui confirment les mêmes droits, & les exemplaires en ont été envoyés aux chefs de Vigueries, & aux Consuls des Villes Royales, avec une lettre de Messieurs les Procureurs du Pays, qui leur marque l'usage qu'on en doit faire.

COMPENSATION dont Mr. le Baron de Trets prétendoit exercer le droit sur des domaines aliené́s du Fief avant 1556. & encadastrés posterieurement.

Arrêt de la Cour des Aydes, qui le deboute & la Noblesse, avec dépens.

Feu Mr. l'Avocat General de Gaufridy, Baron de Trets, avoit intenté un grand procès pardevant la Cour des Aydes sur la demande en compensation par lui formée par raport à certains domaines aliené́s du fief en faveur de la Communauté avant le 15. Decembre 1556. qui est l'époque ordinaire du droit de compensation attribué aux Seigneurs jurisdictionnels & féodataires de Provence, par l'Arrêt du même jour, & il prétendoit que ces biens n'ayant été compensables qu'après qu'ils avoient été transportés à des particuliers & encadastrés, il ne falloit point chercher d'autre époque que celle du jour de l'encadastrement.

La Cour des Aydes reconnoiſſant l'importance de cette queſtion, crut devoir ordonner par un Arrêt interlocutoire, que Meſſieurs les Sindics de la Nobleſſe & Meſſieurs les Procureurs du Pays ſéroient apellés; il fut donné des défenſes de part & d'autre, & Meſſieurs les Procureurs du Pays ayant fait voir qu'il n'y avoit aucune exception à faire à la regle générale, par raport au cas dont il s'agiſſoit, & que les biens affranchis de tailles ſur la tête des Communautés, pendant le cours de leur poſſeſſion, n'en ſont pas moins taillables & ſuſceptibles d'encadaſtrement; la Cour faiſant droit à leur Requête, ſans s'arrêter à celle de Meſſieurs les Sindics de la Nobleſſe & de Mr. le Baron de Trets, ou de ſes hoirs, les en débouta avec dépens par Arrêt du 16. Avril dernier, rendu au raport de Mr. le Conſeiller de Colobrieres.

ESCLAPON.

Lieu nouvellement affoüagé.

Biens repris par retrait féodal par les Coſeigneurs avant l'affoüagement, qui ſur ce fondement prétem-

Le Pays n'a pas eu le même ſort dans un autre procès qui a été porté pardevant la même Cour, au ſujet de l'encadaſtrement de certains biens alienés en 1517. par les auteurs des ſieurs de Villeneuve & d'Iſnard, Seigneurs du lieu d'Eſclapon, & par eux repris avant l'affoüagement de 1730. qui eſt le premier qui ait été fait dans ce lieu.

doient devoir les posseder noblement.

Ils prétendoient être en droit d'en joüir noblement, sur le fondement des Lettres patentes du mois de Janvier 1666. qui autoriserent l'affoüagement de 1665. & qui portent qu'on regarderoit comme noble tout ce que les Seigneurs possedoient dans les terroirs non affoüagés, à condition qu'ils ne pourroient user du droit de compensation; ce que le Pays prétendoit ne devoir pas être apliqué aux affoüagemens de 1698. & 1730. où cette clause n'avoit pas été rapellée.

Arrêt qui le juge de même, & fait droit à la garantie exercée par les possedans-biens contre le Pays.

Mais non-obstant cette exception & les autres défenses employées de sa part, l'Arrêt de la Cour des Aydes du 17. Février 1742. fait inhibitions & défenses aux possedans-biens dans le terroir d'Esclapon de comprendre à l'avenir dans les impositions qui seront par eux faites, les biens qui étoient entre les mains des Seigneurs avant l'affoüagement de 1730. Et en ce qui est de la Requête d'assistance en cause & garantie de ces possedans-biens, pour faire diminuer le foüage de leur terroir, avec restitution des tailles, il est ordonné qu'ils se retireront pardevant Messieurs les Procureurs du Pays, ou pardevant qui de droit.

Ils ont crû devoir faire consulter en consequence, pour sçavoir s'ils doivent se pourvoir en cassation de ce même Arrêt, ou demander des Lettres patentes qui limitent l'execution de celles du mois de Janvier 1666. portant autorisation de l'affoüagement de 1665. à ce seul affoüagement dans l'article qui declare la nobilité des fonds possedés par les Seigneurs haut-justiciers, à condition qu'ils ne pourroient proposer la compensation que des biens nobles qu'ils alieneroient à l'avenir, & non des alienations du passé.

On a examiné dans la Consultation qui a été faite en consequence, si l'on pouvoit soûtenir que l'Arrêt de la Cour des Aydes est contraire aux maximes qu'on observe en Provence au sujet de la nobilité des fonds, attendu que ceux dont il s'agissoit dans le procès, avoient été alienés par les Seigneurs sans aucun transport de jurisdiction, & repris en 1719. par voye de prelation, & que l'un & l'autre de ces titres suposent la roture; les biens alienés par les Seigneurs sans y attacher aucune portion de jurisdiction, ne conservant ni la nobilité, ni la franchise des tailles dont ils joüissoient auparavant, & ceux qui sont repris en vertu d'un retrait féodal, demeurant roturiers entre les mains du Seigneur, comme ils l'étoient entre les mains des particuliers ausquels il se subroge.

Mais quelques vraies que soient ces maximes en general, on n'a pas crû qu'elles fussent aplicables à ce cas particulier.

Le moyen de cassation n'auroit pû être fondé que sur la contravention à l'Arrêt du Conseil du 15. Decembre 1556. qui fixe les regles de la nobilité ou de la roture des fonds possedés par les Seigneurs, & à l'Arrêt de Reglement du 7. Fevrier 1702. qui confirme les mêmes regles.

Mais ces Arrêts n'ont été rendus qu'entre les Seigneurs jurisdictionnels, & les Communautés affoüagées, & n'ont pas un raport précis aux terroirs non affoüagés.

On s'est contenté de suivre la même regle par raport à ces sortes de terroirs, dans les premiers affoüagemens qui en ont été faits, & c'est par cette raison que lors de celui de 1665. Messieurs les Procureurs du Pays requirent les Lettres patentes qui l'autorisent, sous les conditions y énoncées, & par des motifs generaux qui doivent être apliqués

aux

aux autres affoüagemens ſemblables.

C'eſt ce qui a donné lieu aux ſieurs Conſultans de décider qu'il ne conviendroit pas de pourſuivre la caſſation de l'Arrêt de la Cour des Aydes, & que dès qu'on le laiſſera, ſubſiſter il ne ſeroit pas poſſible d'obtenir des Lettres Patentes qui fuſſent contraires à ſa diſpoſition.

Ils ont même ajoûté dans la Conſultation, qu'il ne ſeroit pas de l'interêt du Pays de les demander, parce qu'en ſupoſant la roture des biens poſſedés par les Seigneurs dans les terroirs nouvellement affoüagés, il faudroit leur accorder le droit de compenſation, & quoique dans le cas preſent & par raport au terroir d'Eſclapon, le Pays perde quelque choſe par l'execution des Lettres patentes de 1666. attendu que l'alienation dont il s'agit étant de l'année 1517. & par conſequent anterieure à l'époque de l'Arrêt du Conſeil du 15. Decembre 1556. ne fairoit pas matiere de compenſation, il y gagnera dans les autres terroirs où les alienations ont été faites poſterieurement à cette époque, & ſont par conſequent compenſables; & comme ce cas eſt beaucoup plus frequent que celui du terroir d'Esclapon, on a crû devoir se conformer à cette décision dans une Assemblée particuliere, sous le bon plaisir de la presente Assemblée.

DISCUSSION de Salvat.

La discussion des biens de Salvat, dans laquelle le Pays est aujourd'hui le seul interessé, a exigé bien des attentions de la part de Messieurs les Procureurs du Pays.

On avoit déja pris la précaution de raporter les droits des créanciers pour éviter les frais que la multiplicité des demandes, & des contestations auroit causé dans l'instance d'ordre qui a été portée à la Chambre des Requêtes; & l'on a crû, dans la même vûe, devoir faire cesser toute matiere de litige.

Pension viagere du P. Salvat, Religieux Domicain.

On a payé les arrerages de pension dûs au Pere Salvat Religieux Dominicain, ensuite d'une consultation portant qu'ils lui sont dûs au-delà de cinq années, parce qu'ils ne procedent pas d'un contrat de constitution de rente, mais d'une reserve faite par ce Religieux d'une somme de trente livres chaque année, sur les biens dont il fit donation à son frere avant que de faire sa profession.

On a fait consulter aussi sur la demande d'un droit de centieme denier formée contre le Curateur, & il a été decidé que ce droit n'est pas dû, parce que ce Curateur ne possede rien en propre, & qu'on ne peut supposer qu'il ait fait un transport des immeubles sur sa tête: la contestation est encore pendante pardevant M. de la Tour, & l'on a lieu d'esperer de sa justice & de son attention aux interêts du Pays, qu'il decidera favorablement pour lui.

Centieme Denier.

Demande formée contre le Curateur de cette discussion.

Cependant la Sentence d'ordre est intervenue; on n'a pû éviter les encheres, parce qu'elles en sont une suite necessaire, & qu'elles interessent même la sureté des Administrateurs; mais on a obtenu qu'elles seroient faites sur les lieux pour épargner les frais d'une descente, & l'on y a deputé le sieur Roux, Agent du Pays, pour agir conjointement avec le sieur Raybaud Procureur, qui devoit necessairement y assister, tâcher, de concert, de procurer des offres avantageuses, vendre les biens fonciers, exiger ce qui pouvoit être dû, ou en traiter & finir generalement toutes les affaires qui concernent cette hoirie; à quoi ils ont travaillé avec zéle & avec succès.

Encheres des biens fonds.

CHEMINS.

Visites & reparations.

La plufpart des ponts & des chemins qui exigeoient les reparations les plus preffantes ont été vifités par Mr. le Marquis de Buous ou par Mr. d'Aymar ; il a été fait des dévis de quelques-uns, & les autres ont été receptés, lorfqu'on a jugé qu'ils devoient l'être. Mr. d'Aymar en vifitant le chemin d'Aubagne, a pourvû aux inconveniens du retréciffement du lit de la riviere, en faifant couper divers terreins trop avancés ; & Mr. l'Affeffeur revenant d'Antibes a pris la route de Graffe, pour avoir occafion de vifiter fans frais les ponts & les chemins qui font fur cette route.

REMBOURSEMENS.

Meffieurs les Procureurs du Pays avoient été difpenfés, par une lettre de M. le Controlleur General, d'employer au rembourfement des créanciers du Pays les deux cent mille livres de remife accordée par le Roy fur la capitation, attendu qu'il a fallu payer dans la prefente année le premier quartier du dixiéme, à commencer depuis le mois d'Octobre de l'année derniere ; mais ils font parvenus à l'acquittement de ce quartier & des autres charges, & ils ont encore rembourfé cent trente-trois mille cent treize liv. fept fols quatre deniers fur les deniers de la capitation, & fept mille fept cent livres fur les deniers des impofitions.

L'Assemblée a aprouvé & ratifié tout ce qui a été fait par Messieurs les Procureurs du Pays, & les a remerciés de tous les soins qu'ils ont pris durant leur administration, & a prié ledit sieur Assesseur de vouloir reprendre dans une autre séance les affaires qui meritent une deliberation plus expresse. *Aprobation & remerciment.*

Dudit jour 24. Octobre de relevée.

BLED.

Précautions.

MOnsieur Le Blanc, Assesseur d'Aix, Procureur du Pays, a dit qu'il a déja fait mention dans sa relation, des précautions qui avoient été prises dans les années précedentes & pendant le cours de leur administration, pour empêcher l'augmentation du prix du bled; elles paroissent encore plus necessaires cette année, où le prix de cette denrée a été porté fort haut, dans le tems même de la recolte: il n'est personne qui ne sente la necessité où l'on est de renouveller les attentions des Administrateurs à ce sujet; cependant comme la perte où le Pays se trouve constitué souvent, par la revente de ces bleds à un moindre prix que celui qu'ils ont été achetés, retient Messieurs les Procureurs du Pays; il est necessaire que l'Assemblée leur prescrive ce qu'elle trouvera convenable, pour empêcher que les habitans de ce Pays manquent du bled, ou qu'il ne ſoit porté à un prix trop exceſſif.

DELIBERATION.

Sur quoi l'Aſſemblée a deliberé, que les Communautés qui auront beſoin du bled, envoyeront dans vingt jours leurs ſoûmiſſions à Meſſieurs les Procureurs du Pays, pour déterminer la quantité qui ſera achetée, & dans ce cas l'Aſſemblée leur a donné pouvoir de faire les achats convenables, pour en fournir aux Communautés ſur le prix qui ſera par eux fixé, & aux termes qu'ils trouveront à propos.

TROUPES ESPAGNOLLES.

Liquidation des dépenſes faites par les Communautés en cette occaſion, pour en pourſuivre le rẽbourſement de la Cour de Madrid.

Ledit ſieur Aſſeſſeur a dit, qu'il a encore fait mention dans ſa relation des uſtenciles qui ont été fournies aux troupes de Cavalerie & d'Infanterie Eſpagnolles, & des voitures que les Communautés leur ont fourni lors de leur départ de ce Pays, & lorſqu'elles ont changé de quartier: cette fourniture ſera très-conſiderable, & expoſeroit le Pays à une dépenſe extraordinaire, ſi l'on deliberoit dès à preſent d'en faire le rembourſement aux Communautés; il y auroit même lieu de craindre, que cette demarche n'affoiblît les repreſentations que l'on a faites à la Cour d'Eſpagne pour en avoir le rembourſement par la mediation de M. Ameot de Chaillou, Secretaire d'Etat, Ministre es affaires étrangeres, à qui M. le Comte e St. Florentin a eu la bonté d'en parler, : qui a écrit à M. l'Ambassadeur à Madrid our procurer ce remboursement aux Comunautés de ce Pays; cependant il conient d'en faire la liquidation, pour sçavoir u juste ce que l'on a à demander en cette ccasion, étant à cette Assemblée à déteriner ce qu'elle trouve à propos de faire.

DELIBERATION.

L'Assemblée a deliberé que Messieurs les 'rocureurs du Pays liquideront, en faveur le chaque Communauté, ce à quoi monte 'ustencile par elles fournie aux troupes de ivalerie & d'Infanterie Espagnolles, & l'excedent de ce que chaque Communauté a ayé pour les voitures qui ont été fournies ux mêmes troupes, afin d'en pouvoir pouruivre le remboursement de la Cour d'Espagne.

GRELE.

Rejet de la demande de quelque soulagement de la part des Cōmunautés qui en ont souffert le dommage.

Ledit sieur Assesseur a dit, que le terroir le la Ville de Draguignan, & de plusieurs Communautés de la même Viguerie, a souffert un dommage si considerable par la grêle, que les fruits sont presque entierement emportés: ces Communautés avoient demandé que l'on fît un raport de l'état de leurs terroirs, afin de conſtater ce à quoi pouvoit monter ce dommage. Meſſieurs les Procureurs du Pays touchés de la ſituation des habitans de ces Communautés, avoient d'abord déterminé que Mr. le Marquis de Buous, premier Conſul d'Aix, Procureur du Pays, en retournant à Antibes auprès du Prince Dom Philipe, viſiteroit ces terroirs, & détermineroit le montant des dommages; cependant le voyage de Mr. le Marquis de Buous n'ayant pas eu lieu, on écrivit à ces Communautés d'envoyer un état du revenu de la dîme des années précedentes & de celle de cette année, pour connoître à peu-près la perte qu'elles avoient ſouffert : d'autre part les Aſſemblées ſe ſont fait une loi de n'avoir aucun égard aux pertes que les Communautés font par les cas fortuits des grêles & inondations, ſur-tout lorſque la perte ne tombe que ſur les fruits, étant à cette Aſſemblée à déterminer ſi elle veut écouter les plaintes de ces Communautés, & leur accorder quelque ſoulagement.

DELIBERATION. Sur laquelle propoſition l'Aſſemblée a deliberé de n'avoir aucun égard à ces cas fortuits, ainſi qu'il a été pratiqué par les précedentes Aſſemblées.

Du

Du 25. dudit mois d'octobre du matin.

LAMBESC.

Rejet de la demande du prix de deux maisons abattues à l'occasion du passage du Prince Dom Philipe, & de l'indemnité du loyer des meubles fournis à l'occasion de l'Assemblée.

LE Seigneur Evêque de Grasse a dit, que la Communauté de Lambesc forme deux differentes demandes à cette Assemblée : la premiere est le remboursement du prix de deux maisons qui ont été abattues dans la rue où passe le grand chemin allant à Aix. Pour justification de cette demande, la Communauté produit l'ordre qui a été donné, d'abattre ces maisons, par Messieurs les Procureurs du Pays, à l'occasion du passage du Prince Dom Philipe Infant d'Espagne, & les raports d'estimation d'icelles. La seconde demande est une indemnité du loüage des matelas & des meubles que la Communauté a fourni à l'occasion de la presente Assemblée.

DELIBERATION.

Sur quoi il a été deliberé que les deux demandes de la Communauté seront rejettées, attendu qu'elles sont contraires aux Reglemens du Pays, tant pour les ponts & chemins, que pour les obligations des Villes & Lieux où se tiennent les Etats & les Assemblées.

CAUSSOLS.

Rejet de la de-

Mr. Le Blanc, Assesseur d'Aix Procureur du Pays, a dit que le Sindic du lieu inhabité *mande du Sindic dudit lieu en nouvelle estimation de son terroir, & de celui de Cipieres, affoüagés ensemble.*

de Caussols, Viguerie de Grasse, demande à l'Assemblée de regler ce que la Communauté de Cipieres & les possedans-biens du terroir de Caussols doivent payer, chacun en droit soi, des cinq feux & demi ausquels ces deux terroirs sont affoüagés cumulativement par le dernier affoüagement general; cette demande n'est pas nouvelle, puisqu'elle a été faite aux précedentes Assemblées generales, qui n'y ont jamais eu d'égard, attendu que l'affoüagement ayant été confirmé par des Lettres Patentes de Sa Majesté, il a été imposé silence à toutes les Communautés qui vouloient recourir de leur estimation dans cette occasion; ce que demande le Sindic de Caussols est une nouvelle estimation des deux terroirs, condamnée par les Lettres Patentes.

DELIBERATION.

Sur quoi l'Assemblée a rejetté la demande du Sindic de Caussols, comme contraire aux Lettres Patentes qui confirment le dernier affoüagement.

CANNES.

Imposition de deux sols par quintal sur diverses denrées, dans le droit &

Ledit sieur Assesseur a dit, que la Communauté de Cannes depuis un tems immemorial impose une ferme de deux sols par quintal sur tout le poisson, raisins, figues, huiles & autres denrées sujettes au poids, qui se vendent dans ledit lieu & son terroir; cette imposition est faite en vertu des privileges & Statuts du Pays : cette Communauté en a toûjours joüi jusques au troisieme du mois d'Avril dernier, que le Procureur du Roy au Siege de l'Amirauté de la Ville d'Antibes lui fit signifier un jugement rendu le 15. Fevrier dernier par Mrs. les Commissaires nommés par Sa Majesté pour la verification des titres de ceux qui perçoivent des droits sur les Quays, Ports, Havres, &c. qui défend à ladite Communauté de percevoir à l'avenir ledit droit à peine de concussion, & condamne la Communauté à la restitution dudit droit perçû pendant vingt-neuf années. La Communauté, après une Consultation de trois Avocats, s'est pourvûe pardevant lesdits Commissaires, en oposition à l'execution dudit Arrêt & en revocation d'icelui, & a obtenu que sa requête seroit communiquée au Procureur General de la commission, & cependant surcis à l'execution du jugement du 15. Fevrier dernier. Comme il s'agit de poursuivre le fonds & principal, elle demande l'intervention du Pays en l'instance pendante pardevant le Bureau de Mrs. les Commissaires du Conseil.

joüissance de laquelle cette Communauté est troublée.

Intervention si elle est fondée.

L'Assemblée a donné pouvoir à Messieurs

DELIBERATION.

les Procureurs du Pays de donner leur intervention à la Communauté de Cannes aux formes ordinaires, après avoir fait consulter si sa prétention est bien fondée, & si cette recherche blesse les privileges & droits du Pays.

MANUFACTURE de drap du Sr. Trahinet.

Gratification de dix livres par piece.

Ledit sieur Assesseur a dit, que le sieur Michel Trahinet, originaire de Lodeve en Languedoc, a établi une manufacture de drap en vertu d'un Arrêt du Conseil & des Lettres Patentes de Sa Majesté dans le terroir de la Penne d'Aubagne; il demande à l'Assemblée qu'en conformité de ce qui a été pratiqué par l'Assemblée generale de 1733. en faveur du sieur Silvy, qui avoit obtenu un pareil privilege, une gratification de dix livres par chaque piece de drap, le Pays trouvant un avantage considerable dans un pareil établissement.

DELIBERATION.

L'Assemblée a accordé audit sieur Trahinet dix livres par piece de drap, qui seront pour le moins de la longueur de vingt trois aunes, & ce pendant trois années seulement, à condition que ladite gratification ne pourra pas exceder la somme de quinze cent livres par année, & en prenant par Messieurs les Procureurs du Pays les précautions necessaires pour la verification des étoffes qui ſeront fabriquées dans cette manufacture.

PAPIER Terrier.

Projet d'abonnement.

Ledit ſieur Aſſeſſeur a dit, que ſur ce qui fut propoſé dans la précedente Aſſemblée generale, de terminer par abonnement les pourſuites que l'on faiſoit pour la confection du papier terrier, il fut deliberé de renvoyer cette affaire à Meſſieurs les Procureurs du Pays, pour la terminer aux meilleures conditions: en conſequence il a dreſſé un projet d'Arrêt du Conſeil, par lequel en rapellant les titres du franc-aleu du Pays, on ordonne l'execution de l'Arrêt du 19. Juin 1691. ſous la modification que la reſerve du droit de prelation portée par ledit Arrêt demeurera revoquée; & en l'interprétant & l'ampliant en tant que de beſoin, on ordonne que les droits Seigneuriaux, féodaux & caſuels, dépendans de la directe univerſelle dans les territoires du Pays de Provence, avec expreſſion, tant de tous les droits dont on a connu le nom, contenus dans ledit Arrêt de 1691. que de ceux que l'on a nouvellement decouvert depuis, & que l'on ne connoiſſoit pas, avec la clauſe que tous autres droits exprimés & non exprimés, de quelque eſpece & nature qu'ils puiſſent être, & ſous quelque titre & dénomination que

Sa Majesté auroit droit ou pourroit prétendre comme dépendans de la directe universelle, ou autrement, demeureront suprimés; de tous lesquels droits, specifiés ou non, le Pays de Provence demeurera dechargé, tant pour le passé que pour l'avenir, le tout sous la condition d'un suplement de la pension de trente-cinq mille livres, qui avoit été fixée par ledit Arrêt du 19. Juin 1691.

DELIBERATION. Lecture faite dudit projet d'Arrêt, l'Assemblée l'a renvoyé à Messieurs les Procureurs du Pays nés & joints, pour discuter encore mieux cette affaire, & la terminer en conformité dudit projet d'Arrêt, en augmentant la pension de trente-cinq mille livres, ou par telle autre voye, s'ils le trouvent à propos, moyenant quoi la commission du Papier Terrier sera revoquée; & le Deputé de la Communauté de St. Maximin a dit, que quoiqu'il soit de l'avis, pour le bien commun, de l'abonnement, ladite deliberation ne pourra pas porter préjudice à sa Communauté, attendu que sur des titres particuliers son terroir a été declaré en franc-aleu par Ordonnance de M. le Premier President & Intendant; à laquelle protestation les Deputés des autres Communautés qui sont dans le même cas, ont adheré.

Dudit jour 25. Octobre de relevée.

TRESORERIE du Pays.

Renouvellement du Bail en faveur du Sr Gautier.

LE Seigneur Evêque de Grasse a dit, que le bail de la Tresorerie du Pays expirant le dernier Decembre 1743. les Assemblées generales ont toûjours eu la prevoyance d'en ordonner le renouvellement une année avant l'expiration, pour la sureté du service; ainsi c'est dans cette Assemblée que l'on doit prendre cette précaution. L'exactitude du sieur Gautier, Tresorier actuel, qui est en place depuis près de trente ans, a donné lieu à Messieurs les Procureurs du Pays de le prier de continuer ses services au Pays; à quoi il a répondu qu'il est en état de continuer ses services au Pays de Provence, à condition que le bail de la Tresorerie lui seroit passé sans aucune caution personnelle, croyant que les fonds qu'il a déja prêté au Pays, & qui se trouvent consommés à son usage depuis long tems, montant à cinq cent mille livres, forment un cautionnement plus que suffisant pour assurer le manîment qui lui a été confié; ce qui ayant été reconnu par Messieurs les Procureurs du Pays, & plus encore par le long exercice qu'il a fait dans cette charge avec toute la fidelité & le zéle possible, ils lui auroient inspiré de souffrir quelque diminution dans les apointemens de la Treſorerie, ſi l'Aſſemblée veut bien ſe départir de l'uſage où elle eſt de ne paſſer l'acte de bail que ſous une caution perſonnelle, outre la ſomme placée ſur le Pays, & affectée pour le cautionnement.

DELIBERATION.

Sur laquelle propoſition, l'Aſſemblée ſatisfaite des ſervices du ſieur Gautier Treſorier, a deliberé que le bail de la Treſorerie lui ſeroit paſſé pour ſept années, qui commenceront à courir le 1er. Janvier 1744. & finiront au dernier Decembre 1750. aux mêmes pactes & conditions que le précedent, à l'exception qu'il ſera dechargé de donner aucune caution perſonnelle, ce qui n'a été accordé que pour lui, attendu ſa probité, ſon exactitude & ſa ſolvabilité, & ſans tirer à conſequence pour les baux ſubſequens; & que les gages de ladite charge, qui étoient à ſeize mille livres par le bail courant, ſeront reduits par le nouveau à la ſomme de quatorze mille livres, comme il a voulu l'accepter.

REFUGE D'*AIX*.

Aumône.

Mr. Le Blanc, Aſſeſſeur d'Aix Procureur du Pays, a dit que les ſieurs Recteurs de la maiſon du Refuge de la Ville d'Aix, expoſent à l'Aſſemblée les miſeres & les beſoins de de cette maiſon, & la ſuplient de vouloir continüer l'aumône qui leur a été accordée par les précedentes Aſſemblées.

DELIBERATION.

L'Aſſemblée, ſans tirer à conſequence, a accordé à ladite maiſon du Refuge cent cinquante livres pour aumône, dont il ſera expedié mandement aux formes ordinaires.

COMPTE du Pays.

Deputation.

Ledit Seigneur Evêque de Graſſe a dit, que par le Reglement des Etats, il doit être nommé annuellement un Gentilhomme poſſedant-fief, pour aſſiſter, de la part de Meſſieurs de la Nobleſſe, au compte du Pays, qui doit être choiſi du nombre de ceux qui aſſiſtent aux Aſſemblées, étant à celle-ci à en faire le choix pour le compte de la preſente année 1742. avec les premiers Conſuls des Communautés, ſuivant le tour de rolle.

DELIBERATION.

Sur quoi l'Aſſemblée a unanimement choiſi & nommé le ſieur André de Gras de Preynie Ecuyer, premier Conſul & Deputé de la Communauté de Taraſcon, pour aſſiſter au compte de l'année 1742. de la part de Meſſieurs de la Nobleſſe, avec les premiers Conſuls des Communautés de Lambeſc & de Trets qui ſe trouveront en exercice lors de l'ouverture du compte, auquel assisteront aussi ceux qui ont accoûtumé d'y être par les fonctions de leurs charges, suivant le Reglement des Etats.

TOULON & Fréjus.

Liquidation de la dépense des Troupes confirmée, & leurs plaintes sur quelques articles rejettées.

Mr. Le Blanc, Assesseur d'Aix, Procureur du Pays, a dit que les sieurs Consuls & Deputés des Communautés de Toulon & de Fréjus, lui ont presenté un memoire par lequel ils veulent faire reparer par l'Assemblée deux articles jugés par Messieurs les Procureurs du Pays, lors de la derniere liquidation faite en faveur de leurs Communautés, de la dépense des Troupes, dans lesquels ils ont souffert quelque retranchement de ce qu'ils prétendoient leur être admis. La Communauté de Toulon ayant fourni l'étape à un detachement de Hussards d'Esteratzy, qui avoit escorté l'Ambassadeur de la Porte, prétend avoir depensé trois cent quatre-vingt dix-huit livres dix-huit sols six deniers; & par la liquidation qui a été faite, sur le pied de trente-quatre sols par place de bouche & de fourrage, qui est le taux du Pays, l'ustencile comprise, ladite fourniture ne monte que deux cent trente-quatre livres douze sols; de sorte que cette Communauté prétend avoir depensé cent soixante-quatre livres six sols six deniers de plus que le Pays ne lui a remboursé. La demande de la Communauté de Frejus consiste en ce que cette Communauté a fourni les places de fourrage aux Hussards du même Regiment pendant le tems de leur quartier, comme s'ils y avoient été par étape, c'est-à-dire, qu'ils ont fourni la ration de fourrage sur le pied de vingt livres de foin poids de marc, & de six picotins d'avoine, ce qui fait une grande difference d'avec la ration qui doit être fournie aux troupes en quartier: Messieurs les Procureurs du Pays n'ont liquidé, en faveur de cette Communauté, lesdites places de fourrage que sur le pied de la quantité qui devoit leur être fournie comme troupes en quartier, suivant l'ordre. Les Consuls de Frejus disent qu'ils ont été induits en erreur par un ordre qui leur avoit été donné en 1739. par Mr. de Flayosc Procureur du Pays, à l'occasion du passage en Corse du Regiment de Rastky Hussards; mais l'ordre de Mr. de Flayosc n'avoit rien d'extraordinaire alors, parce que le Regiment de Rastky ne devoit que passer à Frejus & y avoir l'étape; il n'est pas surprenant en cet état, que Mr. de Flayosc leur ait donné un ordre qui leur fixe la ration d'étape, & si ledit Regiment resta quelques jours à Frejus, ce fut par cas fortuit, attendu que les bâtimens qui devoient servir à leur embarquement, ne se trouverent pas prêts ; mais il ne s'ensuit pas de là, qu'un ordre qui a été donné pour un cas, puisse servir pour un autre, & les sieurs Consuls de Frejus doivent s'imputer la faute d'avoir ignoré que le Reglement du Roy fait une difference pour la place de fourrage en quartier, d'avec la place d'étape qui est fournie aux troupes qui sont en route, & qui par consequent doit être plus forte ; étant à cette Assemblée à deliberer sur ces demandes.

DELIBERATION.

L'Assemblée a confirmé la liquidation faite par Messieurs les Procureurs du Pays pour les Communautés de Toulon & de Frejus.

CHEMINS & Ponts.

Ledit sieur Assesseur a dit, qu'il lui a été remis divers placets pour la reparation des ponts & chemins ; sçavoir, pour la reparation de celui de Nans à Auriol par la Sambuque ; pour le changement de la descente du Puy Ste. Reparade ; pour le chemin de Sisteron à Malijay ; pour les élargissemens, & quelques changemens, dans le bois de Lesterel ; pour le changement de la descente de Cannes, en passant au jardin du Château ; pour les chemins de Castelanne à Grasse, de Castelanne à Digne, de Castelanne à

Comps, de Castelanne à Moustiers; pour les élargissemens de Brignolle au Luc; pour le chemin de la Bastide des Jourdans aux Granons, & un pont sur le chemin des Granons à Manosque, entre les terroirs de Reillane & de Villemus; pour un pont dans le terroir de Rousset en allant à Trets; pour le chemin de Rougiers à la Ciotat; pour celui de Draguignan à Barjols, passant par Salernes & Sillans; pour celui de Draguignan à Lorgues passant par Flayosc, & pour celui de Cereste-le-Leberon à Sausane, passant par Simiane; celui d'Apt à Cucuron, passant par Seignon; celui de Pelissanne à Aix, & de Pelissanne à Eyguieres.

DELIBERATION

Sur quoi l'Assemblée a renvoyé la connoissance de ces placets à Messieurs les Procureurs du Pays, pour y statuer avec connoissance de cause, & faire choix des reparations les plus pressées, principalement dans les grandes routes, sur-tout dans celles des postes, & par où les troupes du Roy passent.

GRELE.

Pouvoir de suspendre pour deux ans, en faveur des Communau-

Le Seigneur Evêque de Grasse a dit, que sur la proposition qu'il fit dans la séance de hier, de donner quelque soulagement aux Communautés de la Viguerie de Draguig-

tés qui en ont souffert le dommage, la levée des anciens arrerages dans les cas y énoncés.

nan qui ont souffert la grêle, il fut deliberé, en conformité des usages du Pays, de ne point écouter les plaintes de ces Communautés, & de rejetter leurs demandes; cependant comme le préjudice que ces Communautés ont souffert est plus grand qu'il ne l'est ordinairement, on lui a fait remarquer que sans brêcher aux usages du Pays, il y auroit un moyen d'accorder quelque soulagement à ces Communautés, en suspendant pour quelques années la levée des anciens arrerages; ce qui lui a donné lieu de faire part à l'Assemblée de ce moyen, pour sçavoir si elle voudroit revenir de la Deliberation qui fut prise dans la séance de hier à ce sujet.

DELIBERATION.

Et les voix nommées, il a été deliberé, à la pluralité des suffrages, que sans se départir de la deliberation prise hier de relevée, & qui est conforme aux usages & maximes du Pays, Messieurs les Procureurs du Pays prendront la peine d'examiner ce à quoi montent les dommages soufferts par ces Communautés, à l'occasion de la grêle, & que dans le cas où les pertes seront excessives, ils pourront suspendre pour deux ans la levée des anciens arrerages, sans que pourtant ils puissent faire cette grace aux

Communautés qui ont des impositions en fruits, & dont la levée est affermée.

Du 26. Octobre du matin.

Restitution du feu sieur de Fontiene Officier, chargé du détail du Regiment de Forest.

Don & remise en faveur de ses héritiers, de la portion qui en reviendroit au Pays.

MOnsieur d'Aymar, second Consul d'Aix, Procureur du Pays, a proposé à l'Assemblée que le sieur de Fontiene, Officier du Regiment de Forest, & chargé du détail de ce Regiment, avoit embrassé, avant sa mort, l'état Ecclesiastique, & ayant eu quelques regrets d'avoir fait passer presens des Officiers & des Soldats, dont le Commandant & le Major avoient pourtant retiré la plus grande partie du revenant-bon, il auroit chargé son frere de rembourser la somme de huit cent livres, dont une partie apartenoit au Roy, une partie aux Etats de Languedoc, & le restant à ceux de Provence. Celui qui est chargé de faire cette restitution, étant chargé de famille, & n'ayant l'aisance convenable à son état, a eu l'honneur d'écrire à M. le Cardinal de Fleury de lui faire remise de cette somme ; S. E. a répondu que le Roy faisoit remise de la portion qui lui revenoit ; mais qu'il ne vouloit pas disposer de celle qui revenoit aux Etats de Languedoc & à ceux de Provence ; il demande à cette Assemblée de vouloir bien lui accorder la même grace que le Roy lui a faite.

DELIBERATION.

L'Assemblée a fait don aux héritiers du sieur de Fontiene de la portion qui reviendroit au Pays de la restitution qu'il a voulu faire en mourant.

Ustencile de la Cavalerie & de l'Infanterie.

Mr. Le Blanc, Assesseur d'Aix, Procureur du Pays, a dit que le Seigneur Premier President & Intendant, avoit remis un Arrêt du Conseil du 14. Août dernier, qui regle la somme que le Pays de Provence doit payer en l'année prochaine 1743. de celle de dix millions quatre-vingt-quatre mille cinq cent cinquante-quatre livres dix-huit sols quatre deniers, pour l'ustencille des troupes d'Infanterie & de Cavalerie qui sont actuellement employées hors du Royaume, & qui y resteront pendant l'hyver prochain, à cent quarante-un mille sept cent cinquante livres, qui doivent être imposées en vertu dudit Arrêt du Conseil.

DELIBERATION.

L'Assemblée a deliberé d'executer ledit Arrêt du Conseil, & cependant de faire des representations pour obtenir que les Terres Adjacentes contribuent pour une partie de ce qui est reglé par ledit Arrêt pour l'ustencile de la Cavalerie.

Le

Le Seigneur Evêque de Graſſe a dit, qu'il eſt neceſſaire d'impoſer, pour tout ce qui a été accordé par cette Aſſemblée pour le don gratuit & autres charges indiſpenſables du Pays, en obſervant de proportionner les fonds aux dépenſes, pour que le ſervice ſoit aſſuré. *Impoſition.*

Sur quoi l'Aſſemblée a deliberé, qu'il ſera impoſé & mis fonds de la ſomme de ſix cent livres pour chaque feu, pour être exigée des Communautés contribuables aux charges du Pays, aux quatre quartiers de l'année prochaine 1743. ſuivant la repartition ci-après. *DELIBERATION.*

IMPOSITIONS.

Pour les apointemens de Monſeigneur le Gouverneur, & l'entretenement de ſa Compagnie des Gardes, il ſera exigé, ſuivant l'impoſition faite par les derniers Etats, dix ſept livres par feu aux quatre quartiers de l'année prochaine 1743. également. *Gouverneur.*

Pour les apointemens de la charge de M. le Lieutenant General pour le Roy en ce Pays, & pour ceux de ladite année, il ſera exigé ſix livres par feu, auſſi aux quatre quartiers également, *Lieutenant General pour le Roi.*

Maréchaussée.

Pour ce que le Pays doit contribuer pour la Compagnie du sieur Prévôt des Marêchaux, il sera exigé, suivant l'imposition faite par les derniers Etats, cinq livres par feu aux quatre quartiers de ladite année, également.

Gages des Officiers du Pays, cas inopinés, interêts des héritages occupés pour les Fortifications des Places de Provence, & abonnement des droits sur les huiles.

Pour les gages des Officiers du Pays, frais des procès, dépenses imprévûes, payement des interêts aux proprietaires des héritages compris dans les Fortifications & Boulangerie de Toulon, Antibes, Seyne & Colmars, comme aussi pour l'abonnement des droits sur les huiles, & pour tous autres cas inopinés, il sera exigé trente-six livres par feu; sçavoir, treize livres quinze sols au quartier de Janvier, Fevrier & Mars, six livres dix sols à celui d'Avril, Mai & Juin, sept livres dix sols à celui de Juillet, Août & Septembre, & huit livres cinq sols à celui d'Octobre, Novembre & Decembre, le tout de ladite année prochaine.

Rentes sur le Pays.

Pour les rentes constituées sur le Pays, à cause des sommes principales par lui empruntées, il sera levé & exigé cent treize livres par feu; sçavoir, quarante livres au quartier de Janvier, Fevrier & Mars, vingt huit livres à celui d'Avril, Mai & Juin, quinze livres à celui de Juillet, Août & Septembre, & trente livres à celui d'Octobre, Novembre & Decembre, le tout de la même année.

Compensation des tailles.

Pour la compensation des tailles de Mrs. les Officiers des deux Cours, de Parlement & des Comptes, il sera exigé, suivant l'imposition faite par les derniers Etats, vingt-cinq sols par feu au quartier de Novembre de ladite année 1742.

Don gratuit.

Pour subvenir au payement de la somme de sept cent mille livres, accordée au Roy pour le don gratuit de ladite année, l'Assemblée a imposé deux cent trente-cinq livres par feu; sçavoir, cinquante-six livres au quartier de Janvier, Fevrier & Mars, autres cinquante-six livres à celui d'Avril, Mai & Juin, soixante-dix livres à celui de Juillet, Août & Septembre, & cinquante-trois livres à celui d'Octobre, Novembre & Decembre de ladite année.

Vieux droits.

Pour le payement des trente-cinq mille livres de l'abonnement des droits d'Albergue, Cavalcade & autres vieux droits, il a été imposé douze livres par feu, exigibles aux quatre quartiers de ladite année prochaine également.

Commissaire aux saisies réelles, & Maîtres des Postes.

Pour payer les deux mille livres des saisies réelles, & pour l'augmentation des gages des Maîtres des Postes, leur tenant lieu d'indemnité des tailles, il sera exigé deux livres par feu au prochain quartier d'Avril, Mai & Juin.

Dépense des Troupes, entretenement & habillement de la Milice.

Pour le remboursement de la dépense des troupes d'Infanterie, Cavalerie & Dragons, en route ou en quartier, dans le Pays, la presente année, comme aussi pour payer les fastigages & ustenciles des garnisons établies à Toulon, Antibes & autres Villes, de même que ce qui compete au Pays de l'entretenement, habillement & autres dépenses concernant la Milice, il a été imposé quatre-vingt-dix livres par feu, exigibles aux trois derniers quartiers de l'année prochaine également.

Ustencile de la Cavalerie & de l'Infanterie.

Pour le payement des cent dix mille six cent livres d'un côté, pour l'ustencile en argent des troupes de Cavalerie & Dragons, & des seize mille livres d'autre pour celle de l'Infanterie, il a été imposé quarante-deux livres par feu, exigibles aux quatre quartiers de ladite année également.

Frais du compte.

Pour les frais de la redition du compte

du Pays en la Chambre des Comptes, il ſera exigé ſept livres par feu, aux quatre quartiers de la même année également.

Pour la reparation des ponts & chemins dans le Pays, il ſera exigé vingt-une livres par feu aux quatre quartiers de ladite année également.

Chemins & Ponts.

Pour les frais de cette Aſſemblée, il ſera levé douze livres quinze ſols par féu, au prochain quartier de Janvier, Fevrier & Mars.

Frais de l'Aſſemblée.

Toutes leſquelles impoſitions mentionnées ci-deſſus reviennent à la ſomme de ſix cent livres par feu, dont l'exaction ſera faite par le ſieur Gautier, Treſorier des Etats, ſur le pied de cent cinquante livres pour chacun des quatre quartiers de ladite année prochaine 1743.

Total des Impoſitions.

Ledit ſieur Aſſeſſeur a dit, qu'il n'a plus aucune propoſition à faire à l'Aſſemblée, & a requis la publication du procès-verbal qui a été dreſſé, lequel a été lû & publié, l'Aſſemblée ſéant.

Lecture & publication du procès-verbal.

Après laquelle publication ledit ſieur Le

Remercîment à M. le Commiſſaire.

Blanc, Aſſeſſeur, a remercié ledit Seigneur Premier Preſident & Intendant au nom de l'Aſſemblée, des bons offices qu'il a rendu au Pays dans toutes les occaſions qui ſe ſont preſentées, & particulierement durant la ſéance de l'Aſſemblée.

Fait & publié à Lambeſc le 26. Octobre 1742.

De tout ce que deſſus, il apert dans les Regiſtres du Greffe des Etats de Provence, auſquels nous ſouſſignés Greffiers deſdits Etats, nous raportons.

DEREGINA, Greffier. RICARD, Greffier.

TABLE.

A

B

C

D

E

F

G

I

L

M

P

R

S

T

U

Fin de la Table.

www.ingramcontent.com/pod-product-compliance
Lightning Source LLC
LaVergne TN
LVHW020413230826
846091LV00004B/1265
9782013686778